AF188101

Impressum
Verlag: BABADADA GmbH, Nedderfeld 112 , 22529 Hamburg
Geschäftsführer / Verlagsleitung: Harald Hof
Druck: Books on Demand GmbH, In de Tarpen 42, 22848 Norderstedt

Imprint
Publisher: BABADADA GmbH, Nedderfeld 112 , 22529 Hamburg, Germany
Managing Director / Publishing direction: Harald Hof
Print: Books on Demand GmbH, In de Tarpen 42, 22848 Norderstedt, Germany

skole
mokykla

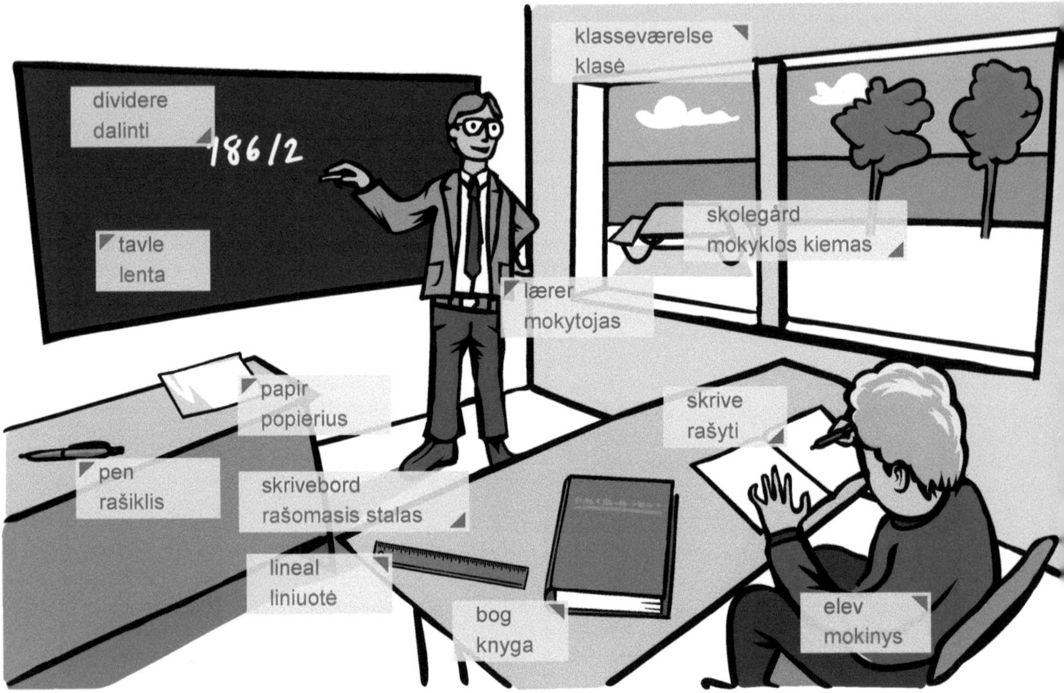

klasseværelse
klasė
dividere
dalinti
186/2
tavle
lenta
skolegård
mokyklos kiemas
lærer
mokytojas
papir
popierius
skrive
rašyti
pen
rašiklis
skrivebord
rašomasis stalas
lineal
liniuotė
bog
knyga
elev
mokinys

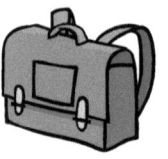

skoletaske

kuprinė

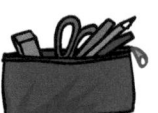

penalhus

penalas

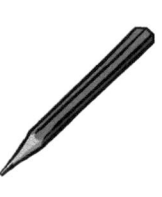

blyant

pieštukas

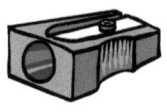

blyantspidser

drožtukas

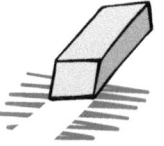

viskelæder

trintukas

tegneblok

piešimo bloknotas

tegning

piešinys

pensel

teptukas

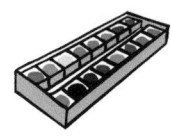

æske med vandfarver

dažų dėžutė

saks

žirklės

lim

klijai

opgavehefte

vadovėlis

lektie

namų darbai

12

tal

numeris

2+2

addere

pridėti

5-2

subtrahere

atimti

2×2

multiplicere

dauginti

regne

skaičiuoti

A

bogstav

raidė

ABCDEFG
HIJKLMN
OPQRSTU
VWXYZ

alfabet

abėcėlė

ord

žodis

tekst
tekstas

læse
skaityti

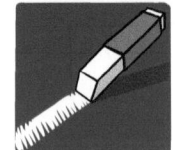

kridt
kreida

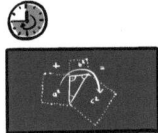

time
pamoka

klasseprotokol
dienynas

eksamen
egzaminas

karakterbog
pažymėjimas

skoleuniform
mokyklinė uniforma

uddannelse
išsilavinimas

leksikon
enciklopedija

universitet
universitetas

mikroskop
mikroskopas

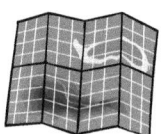

kort
žemėlapis

papirkurv
šiukšliadėžė

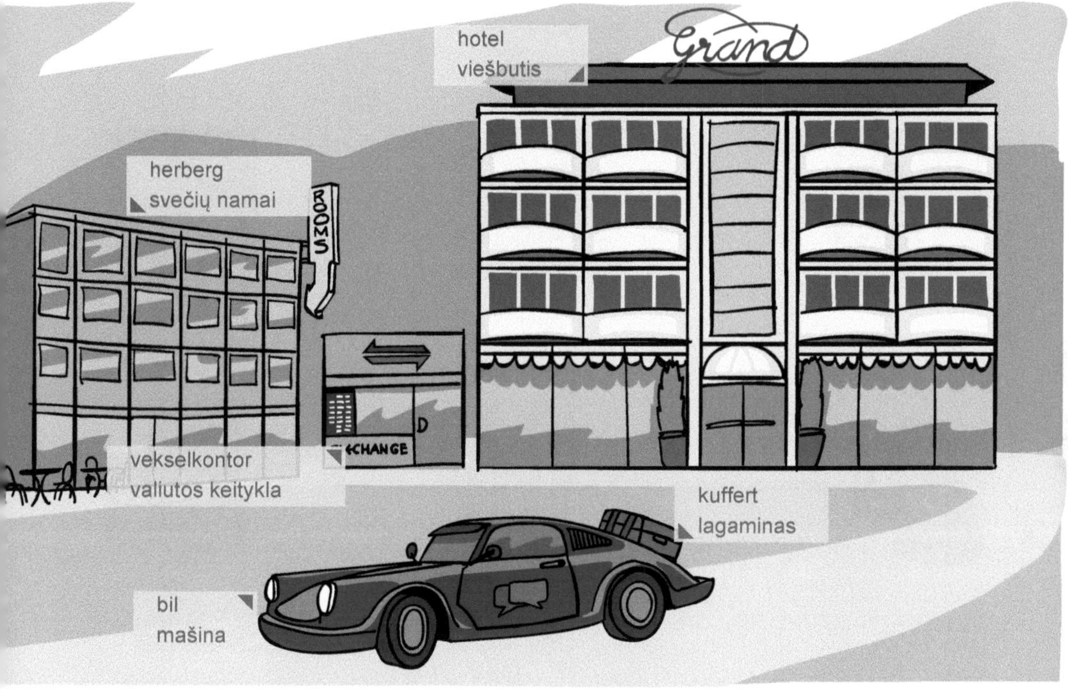

hotel
viešbutis
Grand
herberg
svečių namai
ROOMS
vekselkontor
valiutos keitykla
CHANGE
kuffert
lagaminas
bil
mašina

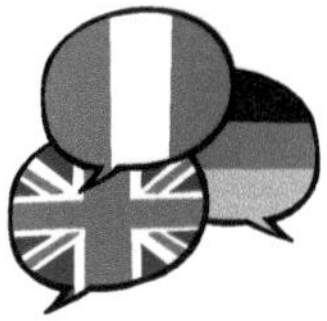

sprog
kalba

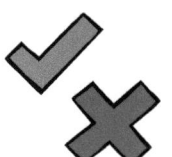

ja / nej
taip / ne

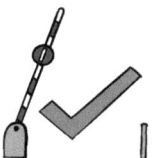

okay
Gerai

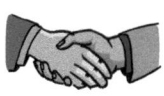

hej
sveiki

oversætter
vertėjas raštu

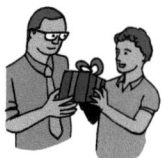

tak
Ačiū

hvad koster...?

kiek kainuoja...?

Jeg forstår ikke

aš nesuprantu

problem

problema

God aften!

Labas vakaras!

God morgen!

Labas rytas!

God nat!

Labos nakties!

farvel

viso gero

retning

kryptis

bagage

bagažas

taske

krepšys

rygsæk

kuprinė

gæst

svečias

værelse

kambarys

sovepose

miegmaišis

telt

palapinė

turistinformation

turizmo informacija

strand

paplūdimys

kreditkort

kreditinė kortelė

morgenmad

pusryčiai

middagsmad

pietūs

aftensmad

vakarienė

billet

bilietas

elevator

liftas

frimærke

pašto ženklas

grænse

siena

told

muitinė

ambassade

ambasada

visum

viza

pas

pasas

transport
transportas

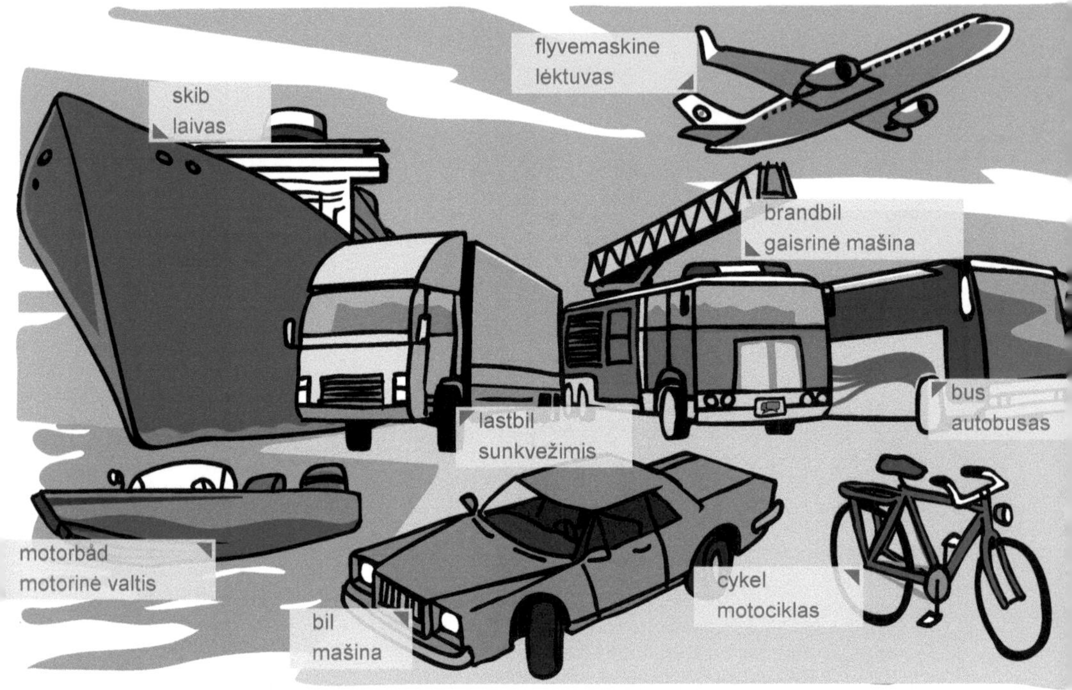

flyvemaskine
lėktuvas
skib
laivas
brandbil
gaisrinė mašina
bus
autobusas
lastbil
sunkvežimis
motorbåd
motorinė valtis
cykel
motociklas
bil
mašina

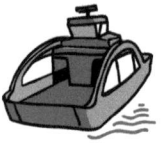

færge

keltas

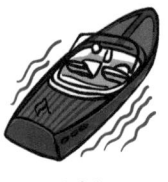

båd

valtis

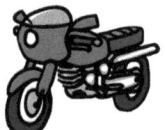

motorcykel

mopedas

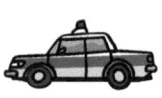

politibil

policijos automobilis

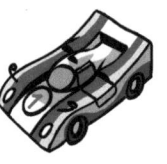

racerbil

lenktyninis automobilis

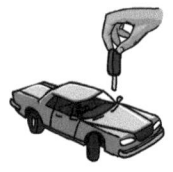

lejebil

nuomojamas automobilis

samkørsel
....
bendras automobilio
naudojimas

kranbil
....
techninės pagalbos
automobilis

skraldebil
....
šiukšliavežė

motor
....
variklis

benzin
....
degalai

tankstation
....
degalinė

trafikskilt
....
kelio ženklas

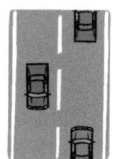

trafik
....
eismas

trafikprop
....
eismo spūstis

parkeringsplads
....
mašinų stovėjimo aikštelė

banegård
....
traukinių stotis

skinner
....
bėgiai

tog
....
traukinys

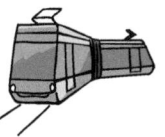

sporvogn
....
tramvajus

wagon
....
vagonas

helikopter

sraigtasparnis

lufthavn

oro uostas

tårn

bokštas

passager

keleivis

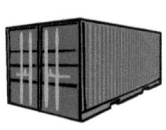

container

konteineris

karton

dėžė

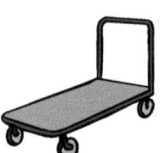

kærre

vežimėlis

kurv

krepšys

starte / lande

pakilti / nusileisti

by

miestas

landsby

kaimas

bymidte

miesto centras

hus

namas

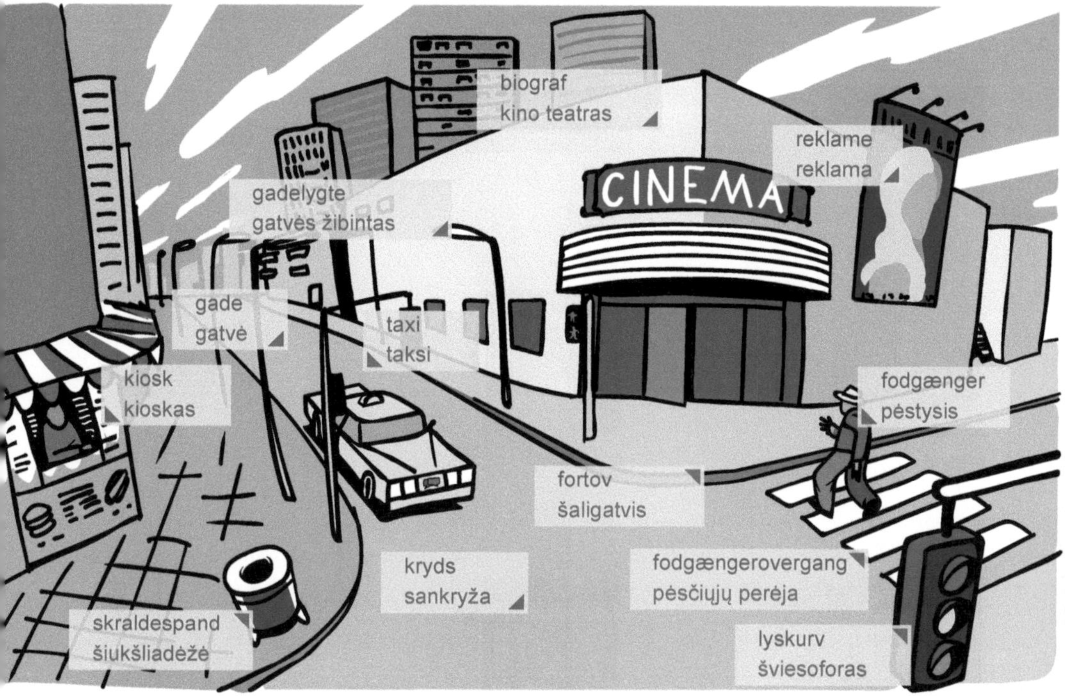
biograf
kino teatras
reklame
reklama
CINEMA
gadelygte
gatvės žibintas
gade
gatvė
taxi
taksi
kiosk
kioskas
fodgænger
pėstysis
fortov
šaligatvis
kryds
sankryža
fodgængerovergang
pėsčiųjų perėja
skraldespand
šiukšliadėžė
lyskurv
šviesoforas

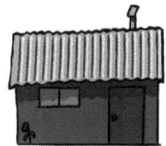

hytte

trobelė

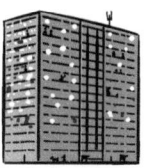

lejlighed

butas

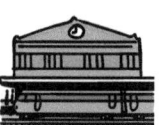

banegård

traukinių stotis

rådhus

rotušė

MUSEUM

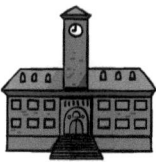

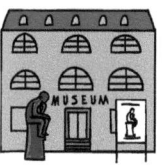

museum

muziejus

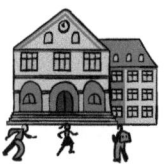

skole

mokykla

universitet

universitetas

bank

bankas

sygehus

ligoninė

hotel

viešbutis

apotek

vaistinė

kontor

biuras

boghandel

knygynas

butik

parduotuvė

blomsterbutik

gėlių parduotuvė

supermarked

prekybos centras

marked

turgus

stormagasin

universalinė parduotuvė

fiskehandler

žuvies parduotuvė

butikscenter

prekybos centras

havn

uostas

park

parkas

bænk

suoliukas

bro

tiltas

trappe

laiptai

undergrundsbane

metro

tunnel

tunelis

busstoppested

autobusų stotelė

barnevogn

baras

restaurant

restoranas

postkasse

lauko pašto dėžutė

vejskilt

kelio ženklas

parkometer

parkomatas

zoo

zoologijos sodas

badeanstalt

baseinas

moske

mečetė

bondegård
ūkininko ūkis

miljøforurening
tarša

kirkegård
kapinės

kirke
bažnyčia

legeplads
žaidimų aikštelė

tempel
šventykla

landskab
kraštovaizdis

blad
lapas

vejviser
kelio rodyklė

vej
kelias

eng
pieva

sten
akmuo

træ
medis

vandrer
ėjikas

flod
upė

græs
žolė

blomst
gėlė

dal
slėnis

bjerg
kalva

sø
ežeras

skov
miškas

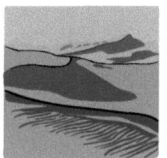

ørken
dykuma

vulkan
ugnikalnis

slot
pilis

regnbue
vaivorykštė

svamp
grybas

palme
palmė

moskito
uodas

flue
musė

myre
skruzdėlė

bi
bitė

edderkop
voras

bille
vabalas

frø
varlė

egern
voverė

pindsvin
ežys

hare
kiškis

ugle
peléda

fugl
paukštis

svane
gulbė

vildsvin
šernas

hjort
elnias

elg
briedis

dæmning
užtvanka

vindmølle
vėjo jėgainė

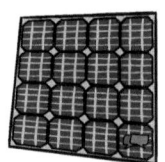

solcellemodul
saulės baterija

klima
klimatas

tjener
padavėjas

spisekort
meniu

stol
kėdė

suppe
sriuba

pizza
pica

bestik
stalo įrankiai

borddug
staltiesė

forret
....
užkandis

hovedret
....
pagrindinis patiekalas

dessert
....
desertas

drikkevarer
....
gėrimai

mad
....
maistas

flaske
....
butelis

fastfood

greitai pateikiamas maistas

streetfood

gatvės maistas

tekande

arbatinukas

sukkerdåse

cukrinė

portion

porcija

espressomaskine

espreso aparatas

barnestol

aukšta kėdė

faktura

sąskaita

tablet

padėklas

kniv

peilis

gaffel

šakutė

ske

šaukštas

teske

arbatinis šaukštelis

serviet

servetėlė

glas

stiklinė

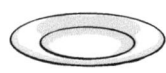

tallerken

lėkštė

dyb tallerken

sriubos lėkštė

underkop

padėklas

sovs

padažas

saltbøsse

druskinė

peberkværn

pipirų malūnėlis

eddike

actas

olie

aliejus

krydderier

prieskoniai

ketchup

kečupas

sennep

garstyčios

mayonnaise

majonezas

supermarked
prekybos centras

tilbud
specialus pasiūlymas
kunde
pirkėjas
mælkeprodukter
pieno produktai
frugt
vaisiai
indkøbsvogn
troleibusas
FOR

BUTCHERS

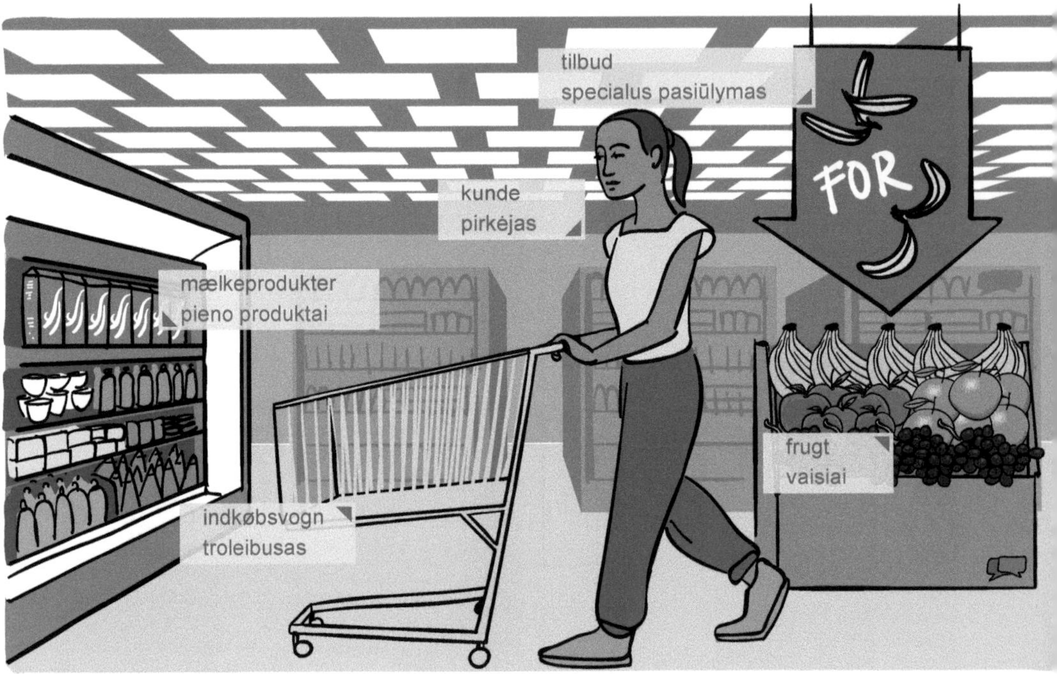

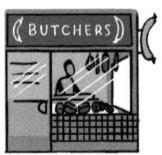

slagter

mėsos parduotuvė

BAKERY

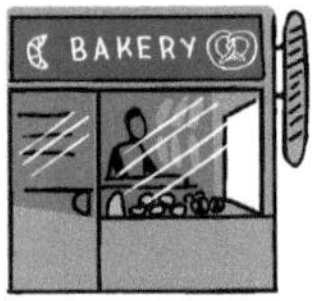

bageri

kepykla

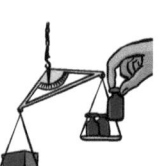

veje

sverti

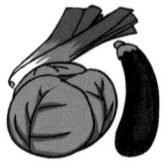

grøntsager

daržovės

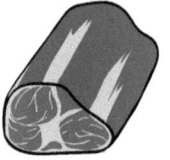

kød

mėsa

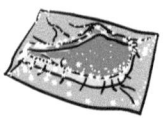

frostvarer

šaldytas maistas

pålæg

šalti mėsos užkandžiai

konserves

konservai

vaskemiddel

skalbimo milteliai

slik

saldumynai

husholdningsvarer

ūkinės prekės

rengøringsmidler

valymo priemonės

ekspedient

pardavėja

kasse

kasos aparatas

kasserer

kasininkas

indkøbsliste

pirkinių sąrašas

åbningstider

darbo valandos

tegnebog

piniginė

kreditkort

kreditinė kortelė

taske

maišelis

plasticpose

plastikinis maišelis

vand
vanduo

saft
sultys

mælk
pienas

cola
kola

vin
vynas

øl
alus

alkohol
alkoholis

kakao
kakava

te
arbata

kaffe
kava

espresso
espresas

cappuccino
kapučinas

banan

bananas

æble

obuolys

appelsin

apelsinas

melon

arbūzas

citron

citrina

gulerod

morka

hvidløg

česnakas

bambus

bambukas

løg

svogūnas

svamp

grybas

nødder

riešutai

nudler

makaronai

spaghetti

spagečiai

ris

ryžiai

salat

salotos

pomfritter

traškučiai

stegte kartofler

keptos bulvės

pizza

pica

hamburger

mėsainis

sandwich

sumuštinis

schnitzel

pjausnys

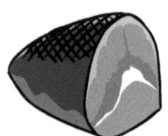

skinke

kumpis

salami

saliamis

pølse

dešrelė

kylling

vištiena

steg

kepsnys

fisk

žuvis

havregryn

avižų dribsniai

mysli

dribsniai su priedais

cornflakes

kukurūzų dribsniai

mel

miltai

croissant

prancūziškasis ragelis

rundstykke

bandelė

brød

duona

toast

skrebutis

kiks

sausainiai

smør

sviestas

kvark

varškė

kage

tortas

æg

kiaušinis

spejlæg

kiaušinienė

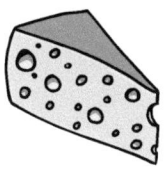

ost

sūris

is
ledai

sukker
cukrus

honning
medus

marmelade
uogienė

nougat-creme
tepamas šokoladas

karry
karis

bondegård
ūkininko ūkis

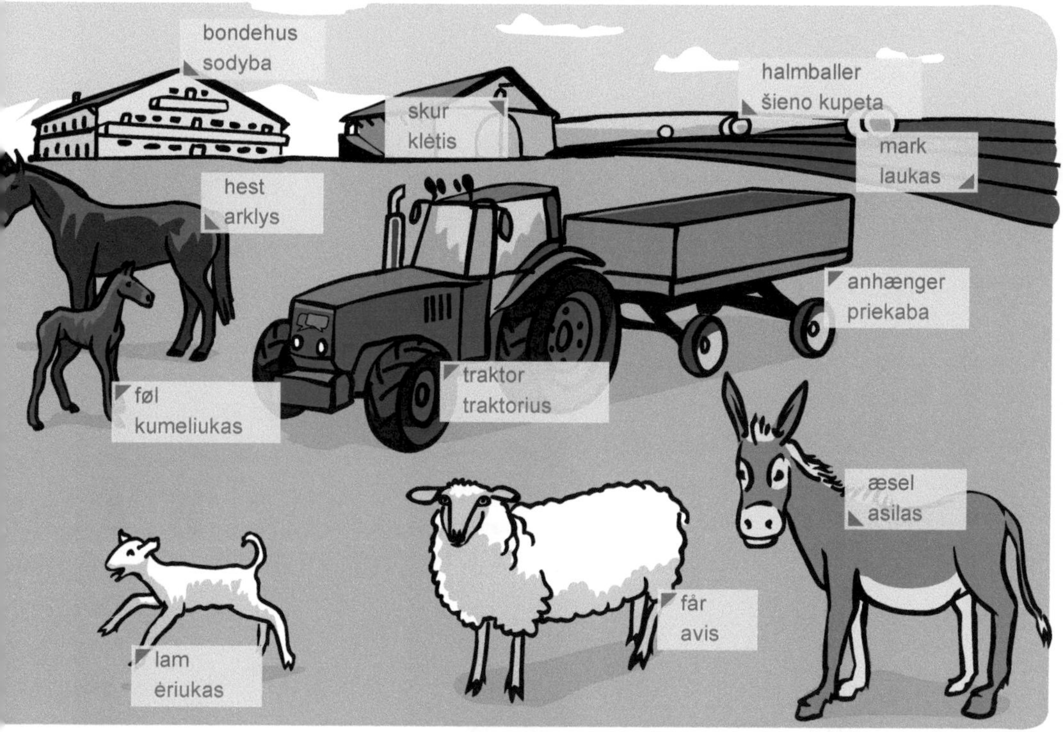
bondehus
sodyba
skur
klėtis
halmballer
šieno kupeta
mark
laukas
hest
arklys
anhænger
priekaba
føl
kumeliukas
traktor
traktorius
æsel
asilas
får
avis
lam
ėriukas

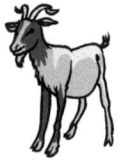

ged
ožys

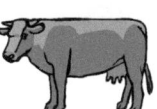

ko
karvė

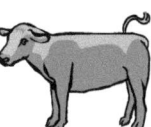

kalv
veršis

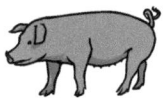

svin
kiaulė

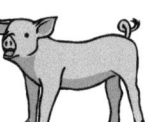

gris
paršelis

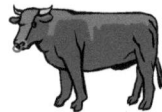

tyr
bulius

gås
žąsis

and
antis

kylling
viščiukas

høne
višta

hane
gaidys

rotte
žiurkė

kat
katė

mus
pelė

okse
jautis

hund
šuo

hundehus
šuns būda

haveslange
sodo namas

vandkande
laistytuvas

le
dalgis

plov
plūgas

segl
pjautuvas

hakkejern
kauptukas

møggreb
šakės

økse
kirvis

trillebør
statinė

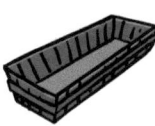

trug
lovys

mælkekande
bidonas

sæk
maišas

hæk
tvora

stald
arklidė

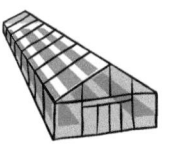

drivhus
šiltnamis

jord
dirva

frø
sėkla

gødning
trąšos

mejetærsker
kombainas

høste
rinkti

høst
derlius

yams
saldžiosios bulvės

hvede
kviečiai

soja
soja

kartoffel
bulvė

majs
kukurūzai

raps
rapsai

frugttræ
vaismedis

maniok
manijokas

korn
grūdai

hus
namas

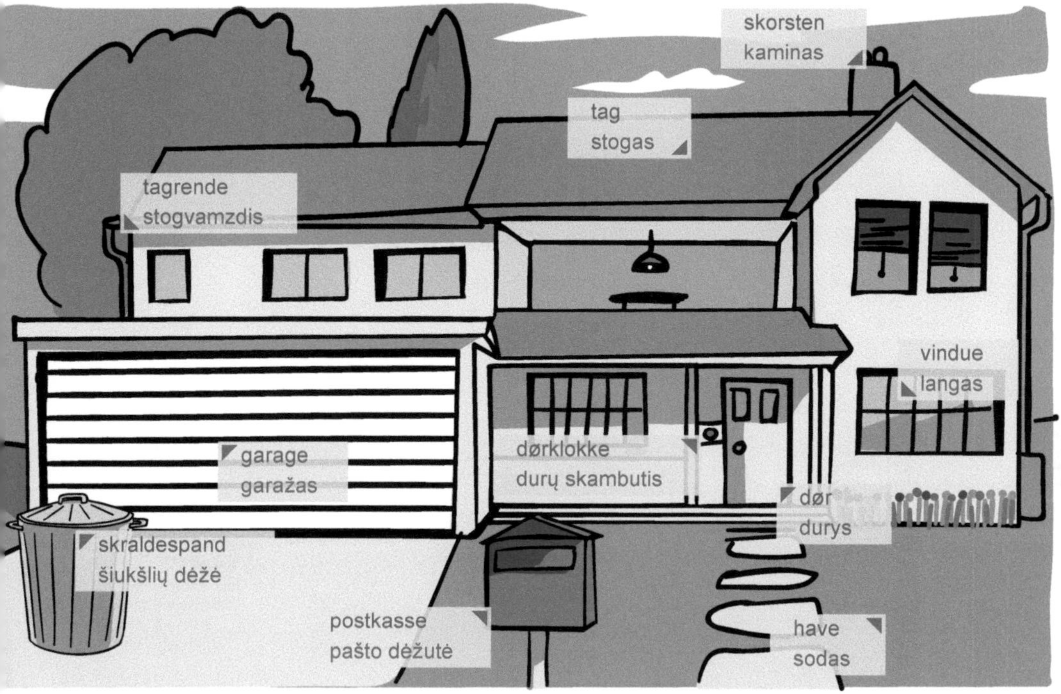
skorsten
kaminas
tag
stogas
tagrende
stogvamzdis
vindue
langas
garage
garažas
dørklokke
durų skambutis
dør
durys
skraldespand
šiukšlių dėžė
postkasse
pašto dėžutė
have
sodas

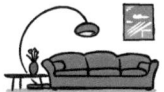

stue
svetainė

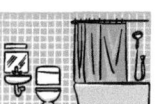

badeværelse
vonios kambarys

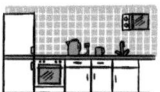

køkken
virtuvė

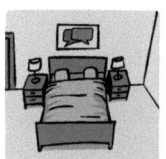

soveværelse
miegamasis

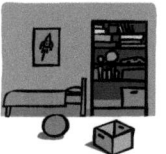

børneværelse
vaiko kambarys

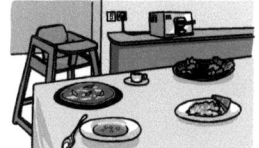

spisestue
valgomasis

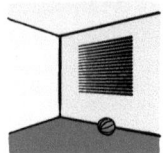

gulv
grindys

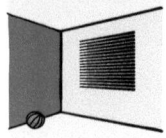

væg
siena

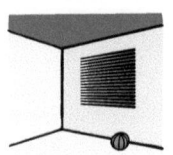

loft
lubos

kælder
rūsys

sauna
sauna

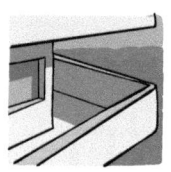

altan
balkonas

terrasse
terasa

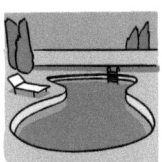

svømmehal
baseinas

plæneklipper
žoliapjovė

dynebetræk
paklodė

dyne
lovatiesė

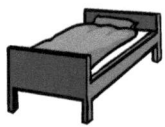

seng
lova

kost
šluota

spand
kibiras

kontakt
jungiklis

stue

svetainė

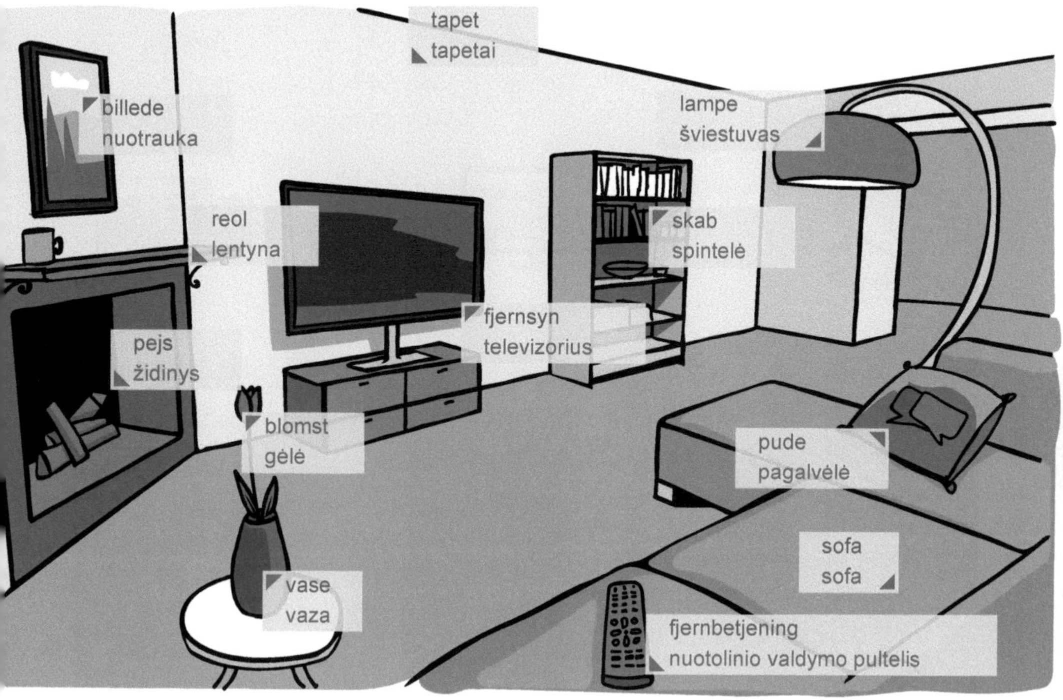

tapet
tapetai
billede
nuotrauka
lampe
šviestuvas
reol
lentyna
skab
spintelė
fjernsyn
televizorius
pejs
židinys
blomst
gėlė
pude
pagalvėlė
sofa
sofa
vase
vaza
fjernbetjening
nuotolinio valdymo pultelis

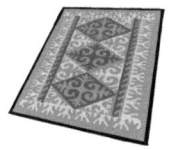

gulvtæppe

kilimas

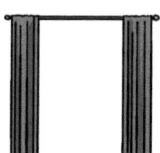

gardin

užuolaida

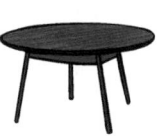

bord

stalas

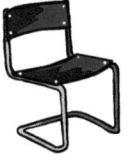

stol

kėdė

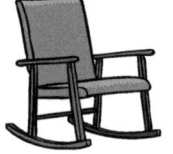

gyngestol

supamasis krėslas

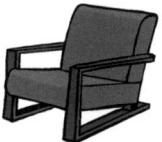

lænestol

fotelis

bog
knyga

tæppe
antklodė

dekoration
papuošimai

brænde
malkos

film
filmas

stereoanlæg
stereo aparatūra

nøgle
raktas

avis
laikraštis

maleri
paveikslas

plakat
plakatas

radio
radijas

notesblok
užrašų knygelė

støvsuger
dulkių siurblys

kaktus
kaktusas

lys
žvakė

køkken
virtuvė

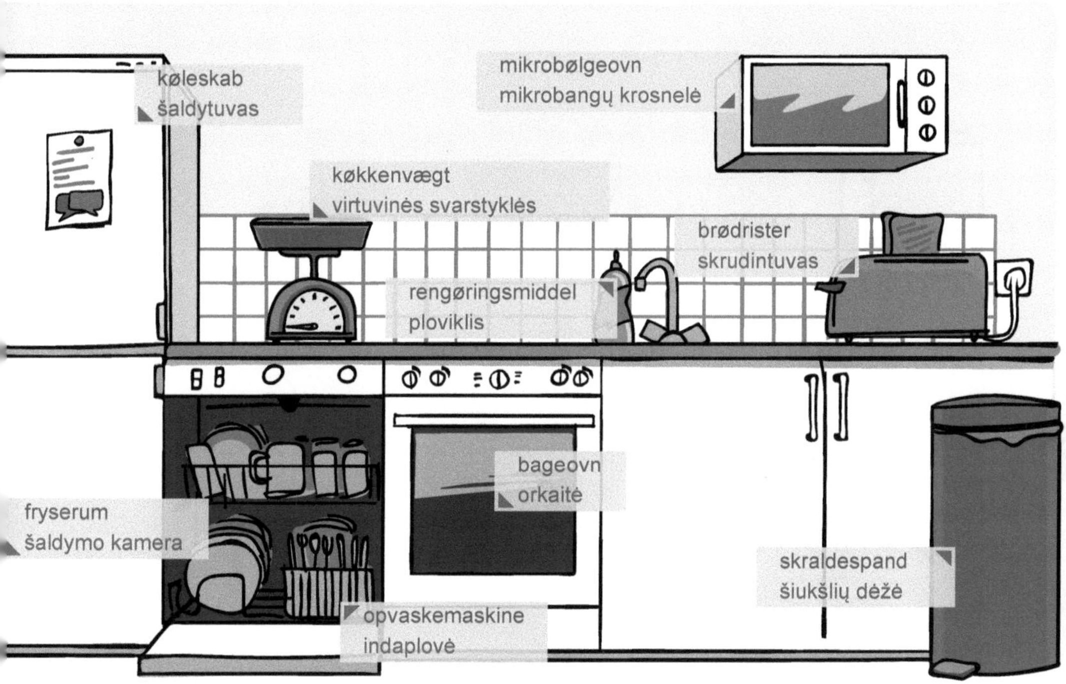

køleskab
šaldytuvas
mikrobølgeovn
mikrobangų krosnelė
køkkenvægt
virtuvinės svarstyklės
brødrister
skrudintuvas
rengøringsmiddel
ploviklis
bageovn
orkaitė
fryserum
šaldymo kamera
skraldespand
šiukšlių dėžė
opvaskemaskine
indaplovė

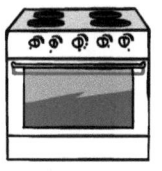

komfur

viryklė

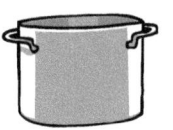

gryde

puodas

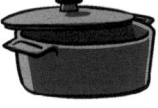

jerngryde

ketaus puodas

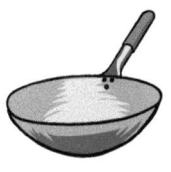

wok / kadai

„wok“ keptuvė

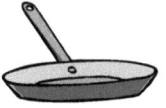

pande

keptuvė

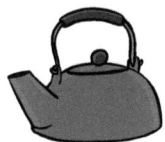

elkedel

virdulys

dampkoger

garų puodas

bageplade

kepimo skarda

service

porceliano indai

bæger

puodelis

skål

dubuo

spisepinde

valgomosios lazdelės

øseske

samtis

paletkniv

mentelė

piskeris

plaktuvas

dørslag

koštuvas

si

sietas

rive

trintuvė

morter

grūstuvė

grille

kepsninė

ildsted

atvira liepsna

skærebræt

pjaustymo lentelė

kagerulle

kočėlas

proptrækker

kamščiatraukis

dåse

skardinė

dåseåbner

skardinių atidarytuvas

grydelap

puodkėlė

køkkenvask

kriauklė

børste

šepetys

svamp

kempinė

blender

trintuvas

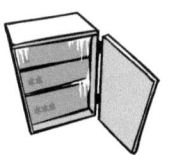

dybfryser

šaldiklis

sutteflaske

kūdikių buteliukas

vandhane

čiaupas

badeværelse
vonios kambarys

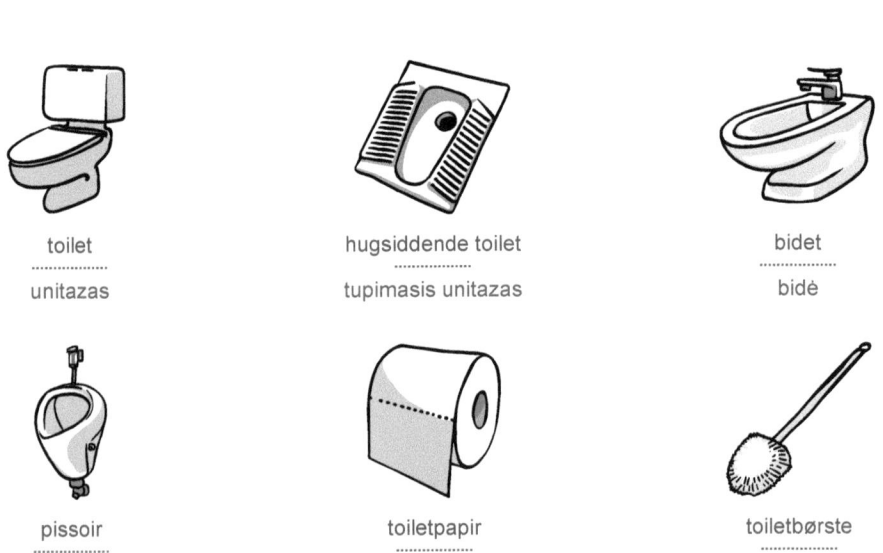

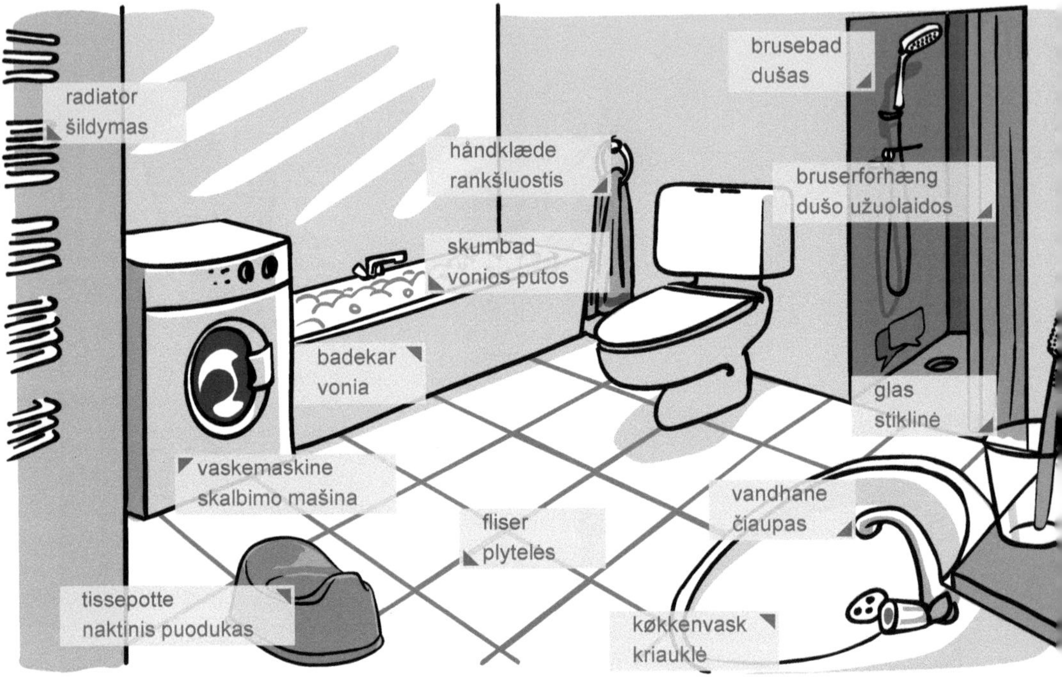
radiator
šildymas
håndklæde
rankšluostis
skumbad
vonios putos
brusebad
dušas
bruserforhæng
dušo užuolaidos
badekar
vonia
glas
stiklinė
vaskemaskine
skalbimo mašina
vandhane
čiaupas
fliser
plytelės
tissepotte
naktinis puodukas
køkkenvask
kriauklė

toilet
unitazas

hugsiddende toilet
tupimasis unitazas

bidet
bidė

pissoir
pisuaras

toiletpapir
tualetinis popierius

toiletbørste
unitazo šepetys

tandbørste

dantų šepetėlis

tandpasta

dantų pasta

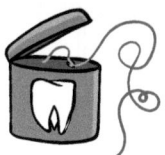

tandtråd

dantų siūlas

vaske

plauti

håndbruser

dušo galvutė

intimbruser

higieninis dušas

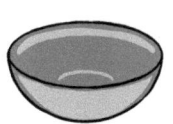

vaskefad

praustuvas

badebørste

nugaros plaušinė

sæbe

muilas

brusegele

dušo želė

shampoo

šampūnas

vaskeklud

plaušinė

afløb

kanalizacija

creme

kremas

deodorant

dezodorantas

spejl

veidrodis

kosmetikspejl

veidrodėlis

barberhøvl

skustuvas

barberskum

skutimosi putos

barbervand

losjonas po skutimosi

kam

šukos

børste

šepetys

hårtørrer

plaukų džiovintuvas

hårspray

plaukų lakas

makeup

makiažas

læbestift

lūpdažis

neglelak

nagų lakas

vat

vata

neglesaks

žirklutės nagams

parfume

kvepalai

toilettaske

maišelis skalbiniams

skammel

taburetė

vægt

svarstyklės

badekåbe

chalatas

gummihandsker

guminės pirštinės

tampon

tamponas

damebind

higieninis įklotas

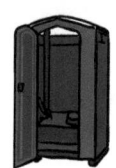

kemisk toilet

biotualetas

børneværelse
vaiko kambarys

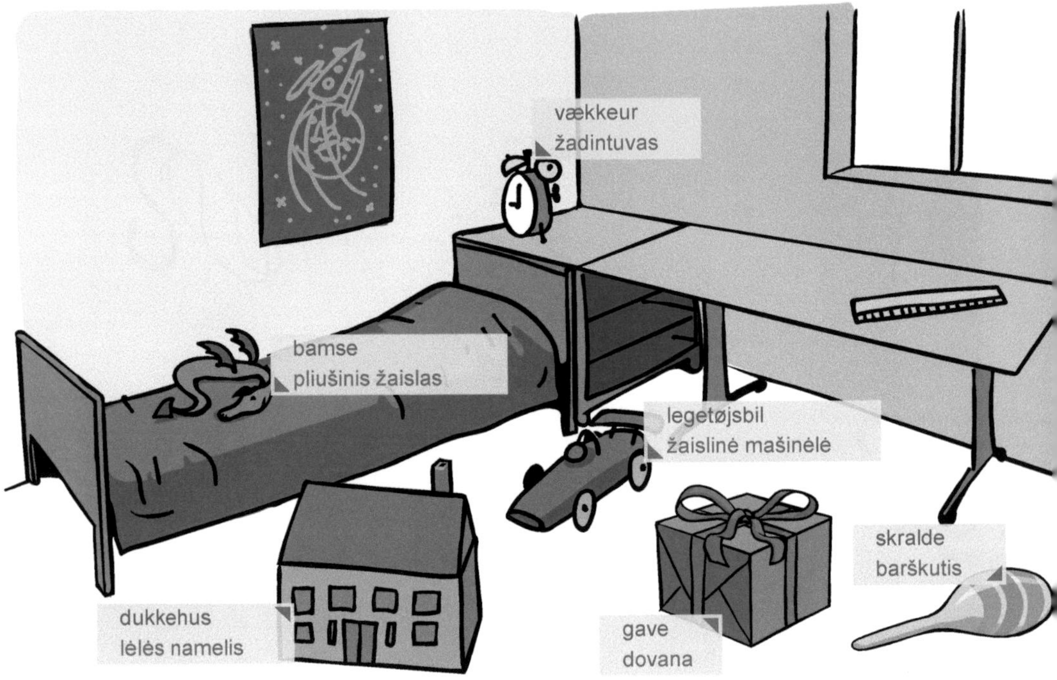
vækkeur
žadintuvas
bamse
pliušinis žaislas
legetøjsbil
žaislinė mašinėlė
skralde
barškutis
dukkehus
lėlės namelis
gave
dovana

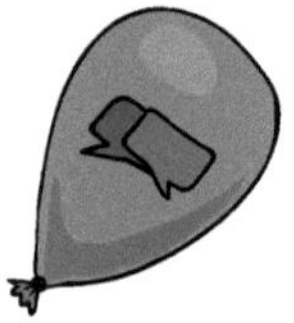

ballon

balionas

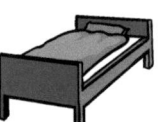

seng

lova

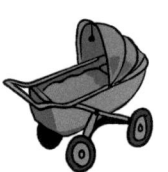

barnevogn

vaikiškas vežimėlis

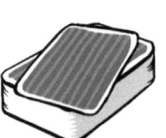

kortspil

kortų malka

puslespil

delionė

SUPER MEGA

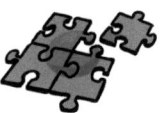

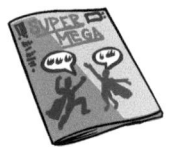

tegneserie

komiksai

legoklodser

lego kaladėlės

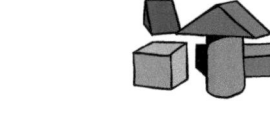

byggeklodser

žaislinės kaladėlės

action figur

figūrėlė

sparkedragt

šliaužtinukai

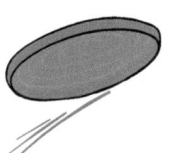

frisbee

mėtymo lėkštė

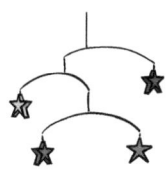

uro

karuselė

brætspil

stalo žaidimas

terning

kauliukai

modeljernbane

žaislinis traukinys

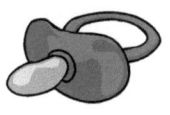

sut

žindukas

fest

vakarėlis

billedbog

paveiksliukų knygelė

bold

kamuolys

dukke

lėlė

lege

žaisti

sandkasse

smėlio dėžė

gynge

sūpynės

legetøj

žaislai

spillekonsol

žaidimų konsolė

trehjulet cykel

triratukas

bamse

meškiukas

klædeskab

drabužių spinta

tøj

drabužis

sokker

kojinės

strømper

kojinės virš kelių

strømpebukser

pėdkelnės

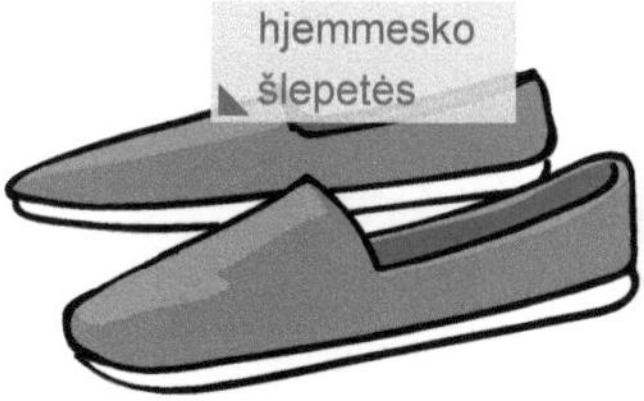

sjal
šalikas

paraply
skėtis

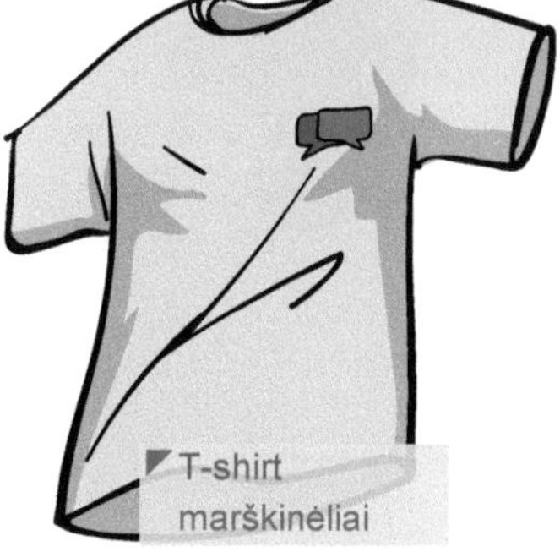

T-shirt
marškinėliai

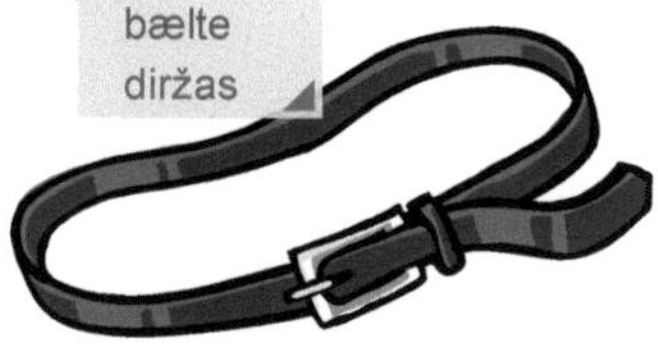

bælte
diržas

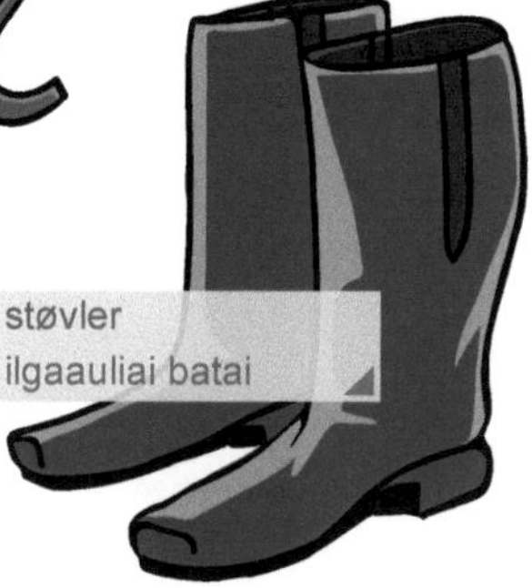

støvler
ilgaauliai batai

hjemmesko
šlepetės

sneakers
sportbačiai

sandaler
·················
sandalai

sko
·················
batai

gummistøvler
·················
guminiai batai

underbukser
·················
trumpikės

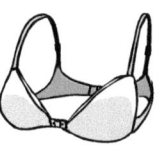

BH
·················
liemenėlė

undertrøje
·················
liemenė

body
glaustinukė

bukser
kelnės

jeans
džinsai

nederdel
sijonas

bluse
palaidinė

skjorte
marškiniai

pullover
megztinis

sweatshirt
megztinis su gobtuvu

blazer
švarkelis

jakke
švarkas

frakke
paltas

regnfrakke
lietpaltis

kostume
kostiumas

kjole
suknelė

brudekjole
vestuvinė suknelė

tøj - drabužis

jakkesæt

kostiumas

nattrøje

naktiniai marškiniai

pyjamas

pižama

sari

saris

hovedtørklæde

skarelė

turban

tiurbanas

burka

burka

kaftan

kaftanas

abaya

abaja

badedragt

maudymosi kostiumėlis

badebukser

glaudės

korte bukser

šortai

træningsdragt

sportinis kostiumas

forklæde

prijuostė

handsker

pirštinės

knap

saga

briller

akiniai

armbånd

apyrankė

kæde

vėrinys

ring

žiedas

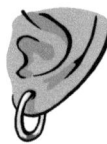

ørering

auskaras

hue

kepurė

bøjle

pakabas

hat

skrybėlė

slips

kaklaraištis

lynlås

užtrauktukas

hjelm

šalmas

seler

breketai

skoleuniform

mokyklinė uniforma

uniform

uniforma

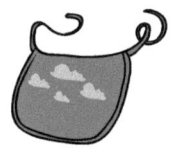

hagesmæk

seilinukas

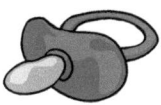

sut

žindukas

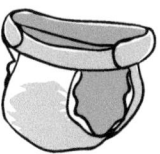

ble

vystyklai

kontor
biuras

server
serveris
arkivskab
dokumentų spinta
printer
spausdintuvas
papir
popierius
skærm
vaizduoklis
mus
pelė
skrivebord
rašomasis stalas
mappe
aplankas
tastatur
klaviatūra
papirkurv
šiukšliadėžė
computer
kompiuteris
stol
kėdė

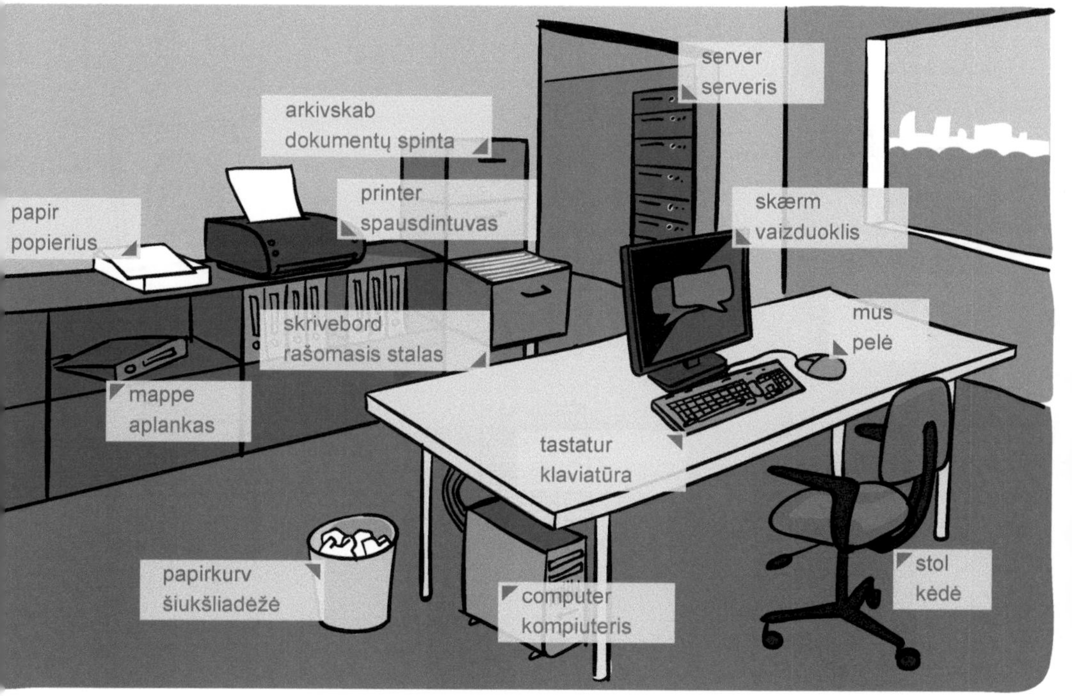

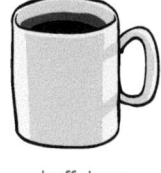

kaffekrus

kavos puodelis

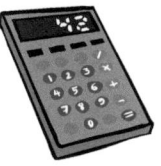

lommeregner

kalkuliatorius

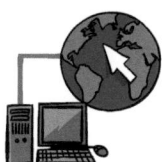

internet

internetas

bærbar

nešiojamasis kompiuteris

brev

laiškas

besked

žinutė

mobil

mobilusis telefonas

netværk

tinklas

kopimaskine

fotokopijavimo aparatas

software

programinė įranga

telefon

telefonas

stikdåse

kištukinis lizdas

fax

faksas

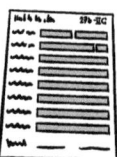

formular

forma

dokument

dokumentas

købe

pirkti

betale

mokėti

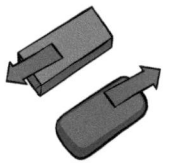

handle

prekiauti

penge

pinigai

dollar

doleris

euro

euras

yen

jena

rubel

rublis

schweizerfranc

Šveicarijos frankas

renminbi yuan

juanis

rupee

rupija

hæveautomat

bankomatas

vekselkontor

valiutos keitykla

guld

auksas

sølv

sidabras

olie

nafta

energi

energija

pris

kaina

kontrakt

sutartis

skat

mokestis

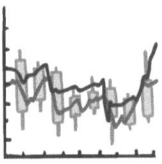

aktie

akcijos

arbejde

dirbti

ansat

darbuotojas

arbejdsgiver

darbdavys

fabrik

gamykla

butik

parduotuvė

politimand
policininkas

brandmand
ugniagesys

kok
virėjas

læge
gydytojas

pilot
lakūnas

gartner
sodininkas

tømrer
stalius

syerske
siuvėja

dommer
teisėjas

kemiker
chemikas

skuespiller
aktorius

buschauffør

autobuso vairuotojas

taxachauffør

taksi vairuotojas

fisker

žvejys

rengøringskone

valytoja

tagdækker

stogdengys

tjener

padavėjas

jæger

medžiotojas

maler

dailininkas

bager

kepėjas

elektriker

elektrikas

bygningsarbejder

statybininkas

ingeniør

inžinierius

slagter

mėsininkas

vvs-mand

santechnikas

postbud

paštininkas

soldat
kareivis

arkitekt
architektas

kasserer
kasininkas

blomsterhandler
gėlininkas

frisør
kirpėjas

togfører
konduktorius

mekaniker
mechanikas

kaptajn
kapitonas

tandlæge
odontologas

videnskabsmand
mokslininkas

rabbiner
rabinas

imam
imamas

munk
vienuolis

præst
kunigas

værktøj
įrankiai

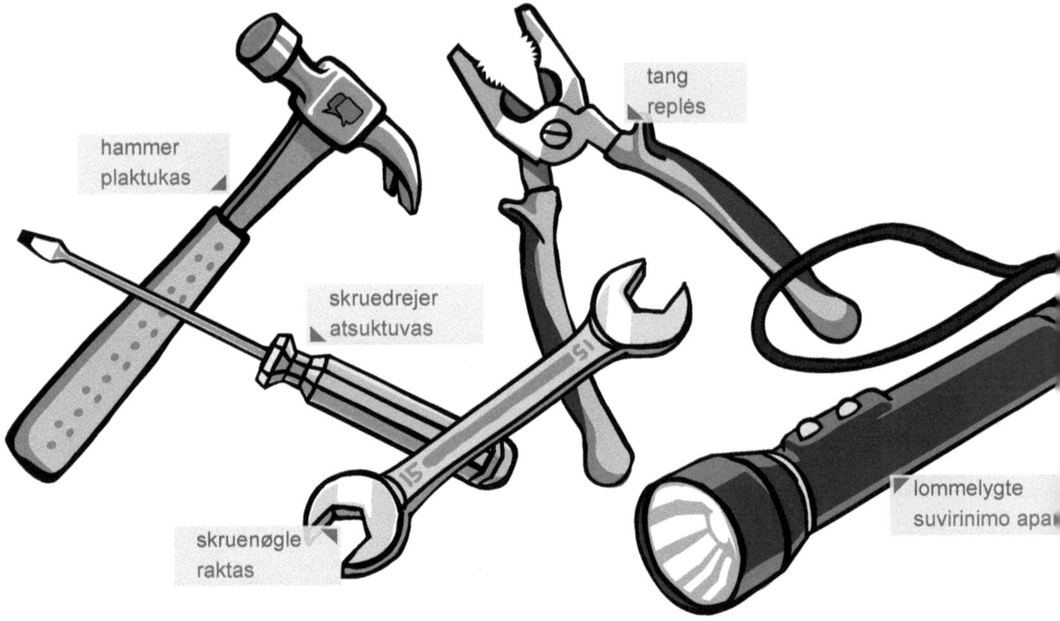
hammer
plaktukas
tang
replės
skruedrejer
atsuktuvas
skruenøgle
raktas
lommelygte
suvirinimo apa

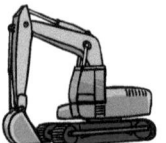

gravemaskine

ekskavatorius

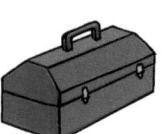

værktøjskasse

įrankių dėžė

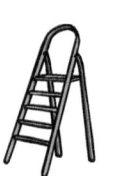

stige

kopėčios

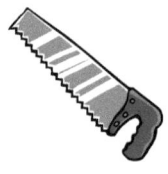

sav

pjūklas

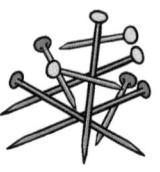

søm

vinys

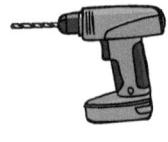

bor

grąžtas

reparere

taisyti

skovl

kastuvas

Lort!

Velniava!

fejebakke

semtuvėlis

malerspand

dažų skardinė

skruer

varžtai

musikinstrumenter
muzikos instrumentai

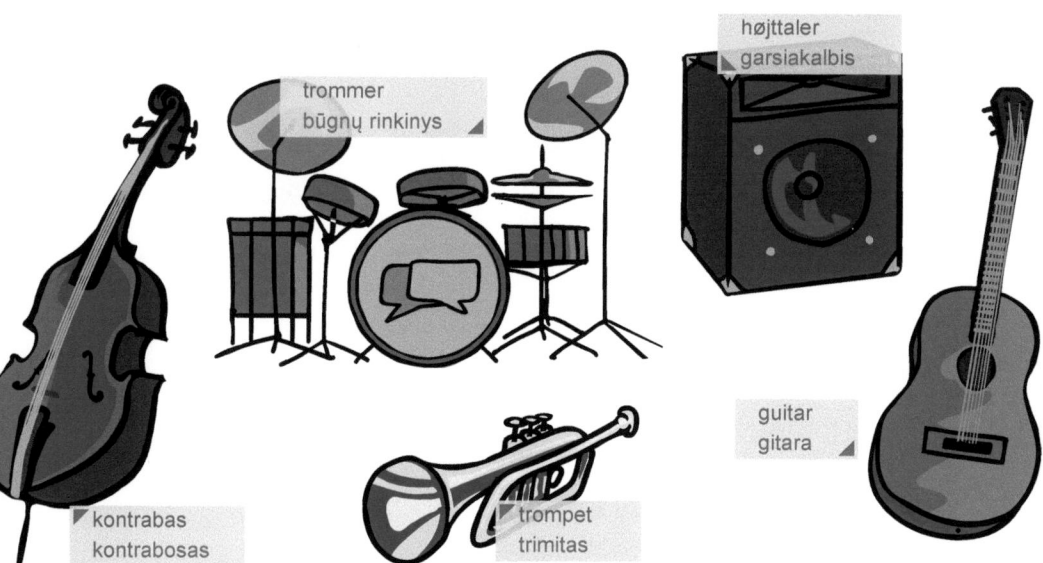

trommer
būgnų rinkinys

højttaler
garsiakalbis

guitar
gitara

kontrabas
kontrabosas

trompet
trimitas

klaver

pianinas

violin

smuikas

bas

bosinė gitara

pauke

timpanas

tromme

būgnai

keyboard

sintezatorius

saxofon

saksofonas

fløjte

fleita

mikrofon

mikrofonas

musikinstrumenter - muzikos instrumentai

zoologijos sodas

tiger
tigras

indgang
įėjimas

bur
narvas

zebra
zebras

dyrefoder
gyvūnų pašaras

panda
panda

dyr
gyvūnai

elefant
dramblys

kænguru
kengūra

næsehorn
raganosis

gorilla
gorila

bjørn
meška

kamel

kupranugaris

struds

strutis

løve

liūtas

abe

beždžionė

flamingo

flamingas

papegøje

papūga

isbjørn

baltoji meška

pingvin

pingvinas

haj

ryklys

påfugl

povas

slange

gyvatė

krokodille

krokodilas

dyrepasser

zoologijos sodo prižiūrėtojas

sæl

ruonis

jaguar

jaguaras

zoo - zoologijos sodas

pony

ponis

leopard

leopardas

flodhest

begemotas

giraf

žirafa

ørn

erelis

vildsvin

šernas

fisk

žuvis

skildpadde

vėžlys

hvalros

vėplys

ræv

lapė

gazelle

gazelė

amerikansk football
amerikietiškas futbolas

cykling
dviračių sportas

tennis
tenisas

basketball
krepšinis

svømning
plaukimas

boksning
boksas

ishockey
ledo rit ulys

fodbold
futbolas

badminton
badmintonas

atletik
atletika

håndbold
rankinis

skiløb
slidinėjimas

polo
polas

grine
juoktis

springe
šokinėti

give et knus
apkabinti

gå
vaikščioti

synge
dainuoti

drømme
svajoti

bede
melstis

kysse
bučiuoti

skrive
rašyti

tegne
piešti

vise
rodyti

skubbe
stumti

give
duoti

tage
imti

have
turėti

gøre
daryti

være
būti

stå
stovėti

løbe
bėgti

trække
traukti

kaste
mesti

falde
kristi

ligge
meluoti

vente
laukti

bære
nešti

sidde
sėdėti

tage på
rengtis

sove
miegoti

vågne
pabusti

se på
žiūrėti

græde
verkti

ae
glostyti

kæmme
šukuoti

tale
kalbėti

forstå
suprasti

spørge
paklausti

høre
klausytis

drikke
gerti

spise
valgyti

rydde op
tvarkytis

elske
mylėti

koge
gaminti

køre
vairuoti

flyve
skristi

sejle

buriuoti

regne

skaičiuoti

læse

skaityti

lære

mokytis

arbejde

dirbti

gifte sig med

vesti

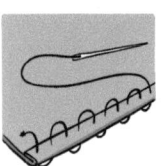

sy

siūti

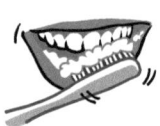

børste tænder

valytis dantis

dræbe

žudyti

ryge

rūkyti

sende

siųsti

bedstemor
senelė

bedstefar
senelis

far
tėvas

mor
motina

baby
kūdikis

datter
dukra

søn
sūnus

gæst
svečias

tante
teta

onkel
dėdė

bror
brolis

søster
sesuo

krop
kūnas

pande
kakta
øje
akis
skulder
petys
finger
pirštas
ansigt
veidas
hage
smakras
hånd
plaštaka
ben
koja
bryst
krūtinė
arm
ranka

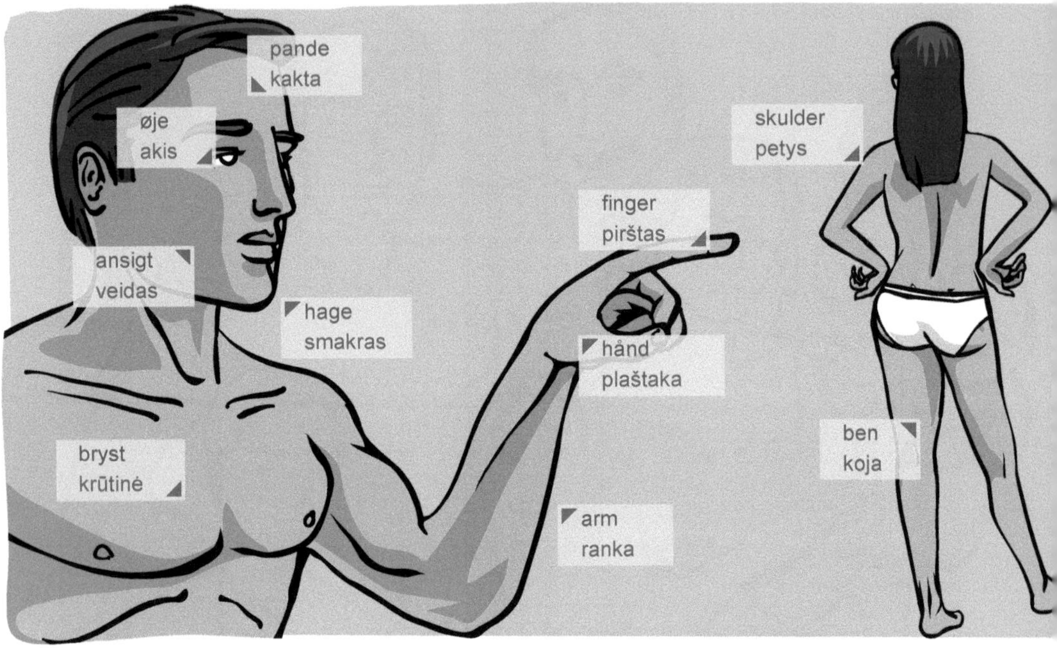

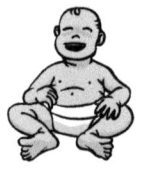

baby
kūdikis

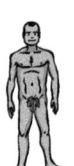

mand
vyras

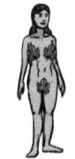

kvinde
moteris

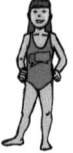

pige
mergaitė

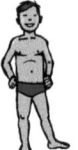

dreng
berniukas

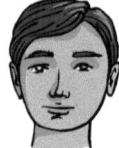

hoved
galva

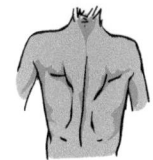

ryg

nugara

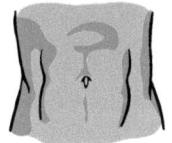

mave

pilvas

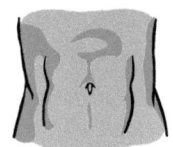

navle

bamba

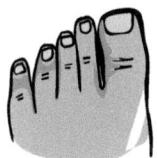

tå

kojos pirštas

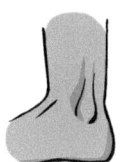

hæl

kulnas

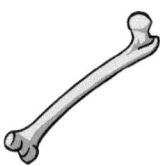

knogle

kaulas

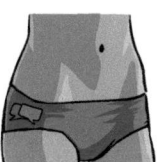

hofte

klubas

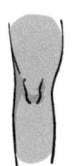

knæ

kelis

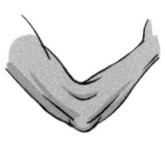

albue

alkūnė

næse

nosis

bagdel

sėdmenys

hud

oda

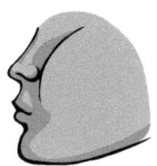

kind

skruostas

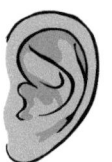

øre

ausis

læbe

lūpa

mund
burna

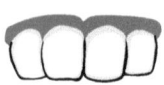

tand
dantis

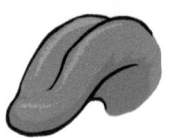

tunge
liežuvis

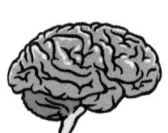

hjerne
smegenys

hjerte
širdis

muskel
raumuo

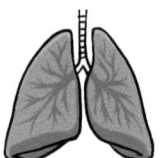

lunge
plaučiai

lever
kepenys

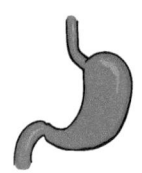

mavesæk
skrandis

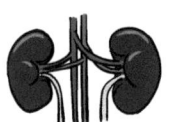

nyrer
inkstai

sex
seksas

kondom
prezervatyvas

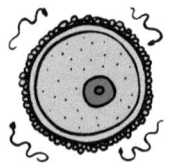

ægcelle
kiaušialąstė

sperm
sperma

svangerskab
nėštumas

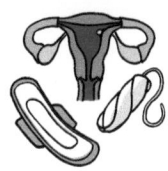

menstruation

menstruacijos

vagina

makštis

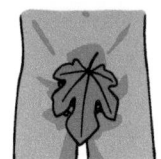

penis

varpa

øjenbryn

antakis

hår

plaukai

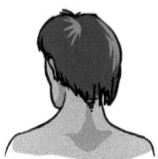

hals

kaklas

sygehus
ligoninė

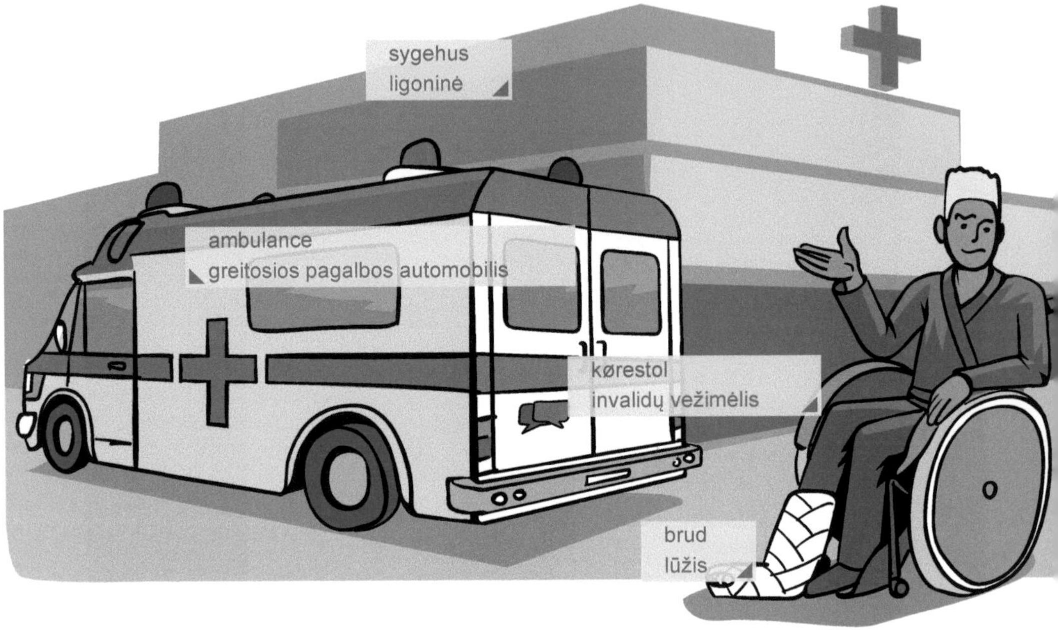

sygehus
ligoninė
ambulance
greitosios pagalbos automobilis
kørestol
invalidų vežimėlis
brud
lūžis

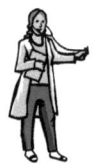

læge
gydytojas

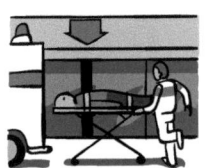

akutmodtagelse
skubios pagalbos skyrius

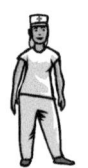

sygeplejerske
slaugytoja

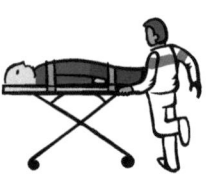

nødstilfælde
nelaimingas atsitikimas

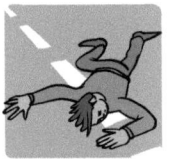

bevidstløs
be sąmonės

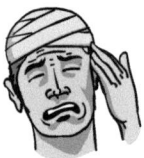

smerte
skausmas

skade

sužalojimas

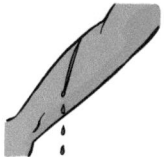

blødning

kraujavimas

hjerteinfarkt

širdies smūgis

slagtilfælde

insultas

allergi

alergija

hoste

kosulys

feber

karščiavimas

influenza

gripas

diarré

viduriavimas

hovedpine

galvos skausmas

kræft

vėžys

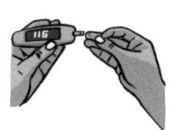

diabetes

diabetas

kirurg

chirurgas

skalpel

skalpelis

operation

operacija

CT
KT

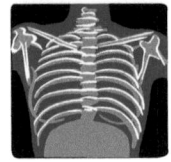

røntgen
rentgenas

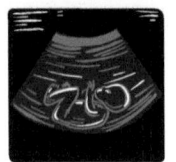

ultralyd
ultragarsas

maske
veido kaukė

sygdom
liga

venteværelse
laukiamasis

krykke
ramentas

plaster
gipsas

forbinding
tvarstis

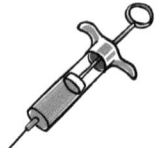

injektion
injekcija

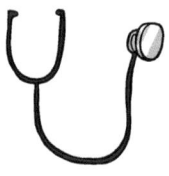

stetoskop
stetoskopas

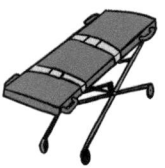

båre
neštuvai

termometer
termometras

fødsel
gimimas

overvægt
antsvoris

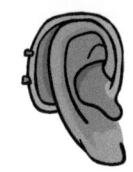

høreapparat

klausos aparatas

desinficerende middel

dezinfekavimo priemonė

infektion

infekcija

virus

virusas

HIV / AIDS

ŽIV / AIDS

medicin

vaistas

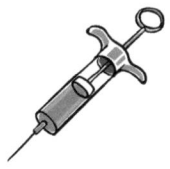

vaccination

skiepijimas

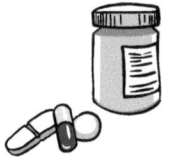

tabletter

tabletės

pille

piliulė

nødopkald

kubios pagalbos numeris

blodtryksmåler

kraujospūdžio matuoklis

syg / rask

ligotas / sveikas

Hjælp!

Padėkite!

alarm

pavojaus signalas

overfald

užpuolimas

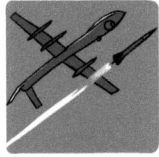

angreb

ataka

fare

pavojus

nødudgang

avarinis išėjimas

Det brænder!

Gaisras!

ildslukker

gesintuvas

uheld

nelaimingas atsitikimas

førstehjælps-kuffert

pirmosios pagalbos rinkinys

SOS

SOS

politi

policija

Europa

Europa

Nordamerika

Šiaurės Amerika

Sydamerika

Pietų Amerika

Afrika

Afrika

Asien

Azija

Australien

Australija

Atlanterhavet

Atlanto vandenynas

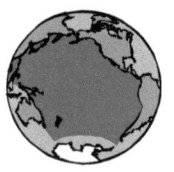

Stillehavet

Ramusis vandenynas

Indiske Ocean

Indijos vandenynas

Sydlige Ishav

Pietų vandenynas

Ishav

Arkties vandenynas

Nordpol

Šiaurės ašigalis

Sydpol

Pietų ašigalis

Antarktis

Antarktida

Jorden

Žemė

land

sausuma

hav

jūra

ø

sala

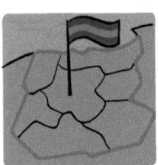

nation

tauta

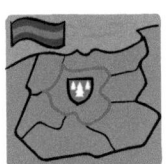

stat

valstybė

urskive
ciferblatas

timeviser
valandinė rodyklė

minutviser
minutinė rodyklė

sekundviser
sekundinė rodyklė

Hvad er klokken?
Kiek valandų?

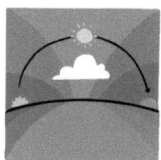

dag
diena

tid
laikas

nu
dabar

digitalur
skaitmeninis laikrodis

minut
minutė

time
valanda

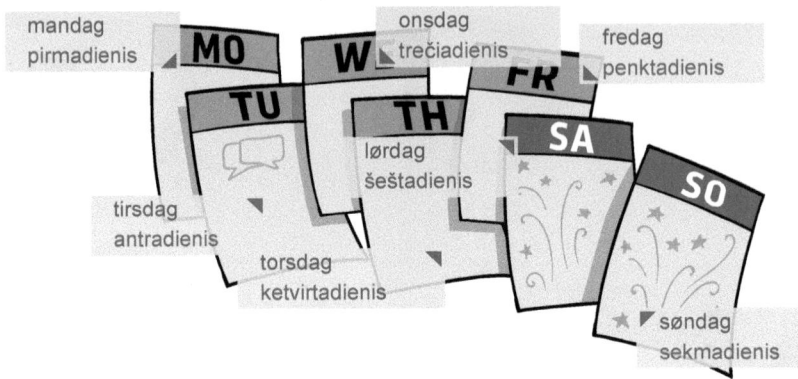

mandag
pirmadienis

onsdag
trečiadienis

fredag
penktadienis

lørdag
šeštadienis

tirsdag
antradienis

torsdag
ketvirtadienis

søndag
sekmadienis

i går
vakar

i dag
šiandien

i morgen
rytoj

morgen
rytas

middag
vidurdienis

aften
vakaras

MO	TU	WE	TH	FR	SA	SU
1	2	3	4	5	6	7
8	9	10	11	12	13	14
15	16	17	18	19	20	21
22	23	24	25	26	27	28
29	30	31	1	2	3	4

arbejdsdage
darbo dienos

MO	TU	WE	TH	FR	SA	SU
1	2	3	4	5	6	7
8	9	10	11	12	13	14
15	16	17	18	19	20	21
22	23	24	25	26	27	28
29	30	31	1	2	3	4

weekend
savaitgalis

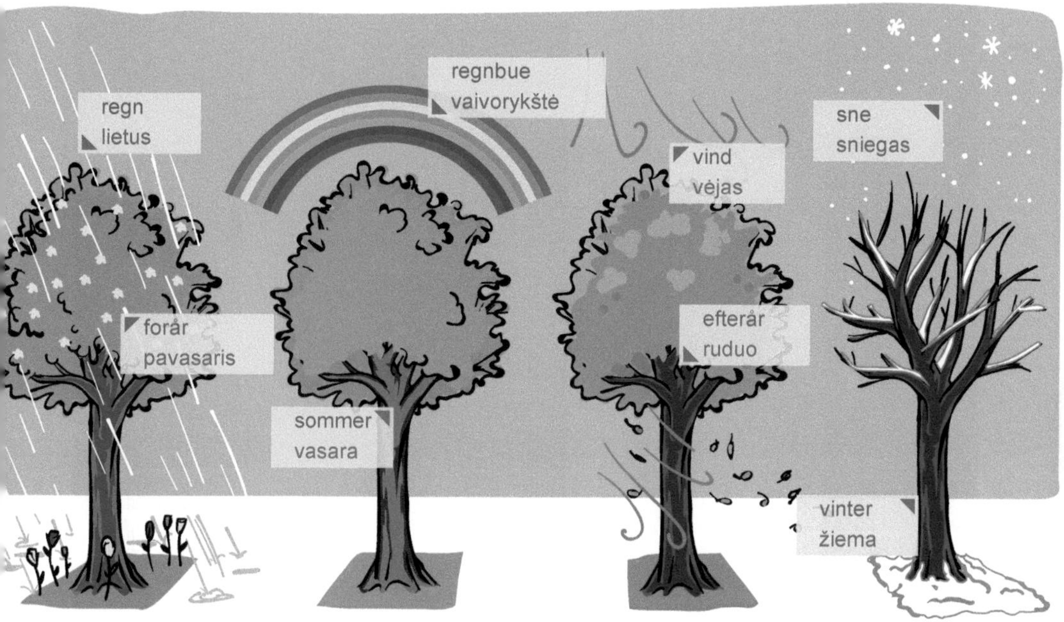

regnbue
vaivorykštė

regn
lietus

vind
vėjas

sne
sniegas

forår
pavasaris

efterår
ruduo

sommer
vasara

vinter
žiema

4.APRIL	11°	☀
5.APRIL	4°	☁
6.APRIL	13°	☔
7.APRIL	8°	☀
8.APRIL	10°	☀

vejrudsigt
orų prognozė

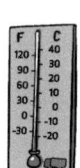

termometer
lauko termometras

solskin
saulės šviesa

sky
debesis

tåge
rūkas

luftfugtighed
drėgmė

lyn
....
žaibas

torden
....
griaustinis

storm
....
audra

hagl
....
kruša

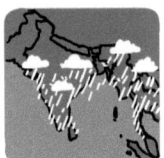

monsun
....
musonas

flod
....
potvynis

is
....
ledas

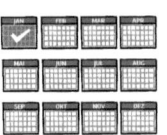

januar
....
sausis

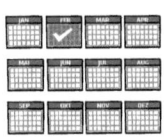

februar
....
vasaris

marts
....
kovas

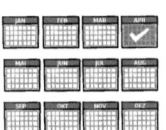

april
....
balandis

maj
....
gegužė

juni
....
birželis

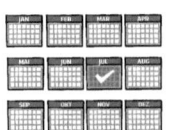

juli
....
liepa

august
....
rugpjūtis

september
....
rugsėjis

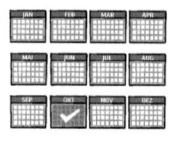

oktober
....
spalis

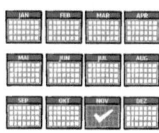

november
....
lapkritis

december
....
gruodis

cirkel
....
apskritimas

kvadrat
....
kvadratas

firkant
....
stačiakampis

trekant
....
trikampis

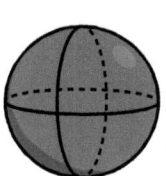

kugle
....
sfera

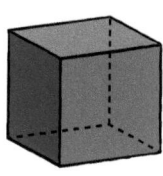

terning
....
kubas

hvid

balta

gul

geltona

orange

oranžinė

pink

rožinė

rød

raudona

lilla

violetinė

blå

mėlyna

grøn

žalia

brun

ruda

grå

pilka

sort

juoda

meget / lidt

daug / mažai

rasende / fredelig

piktas / ramus

smuk / grim

gražus / bjaurus

begyndelse / slut

pradžia / pabaiga

stor / lille

didelis / mažas

lys / mørk

šviesus / tamsus

bror / søster

brolis / sesuo

ren / snavset

švarus / purvinas

fuldkommen / ufuldkommen

užbaigtas / neužbaigtas

dag / nat

diena / naktis

død / levende

miręs / gyvas

bred / smal

platus / siauras

spiselig / uspiselig

valgomas / nevalgomas

vred / venlig

piktas / malonus

ophidset / kedet

linksmas / nuobodus

tyk / tynd

storas / plonas

først / sidst

pirmiausia / paskiausia

ven / fjende

draugas / priešas

fuld / tom

pilnas / tuščias

hård / blød

kietas / minkštas

tung / let

sunkus / lengvas

sult / tørst

alkis / troškulys

syg / rask

ligotas / sveikas

illegal / legal

nelegalus / legalus

intelligent / dum

protingas / kvailas

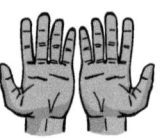

venstre / højre

kairė / dešinė

nær / fjern

arti / toli

ny / brugt

naujas / naudotas

intet / noget

niekas / kažkas

gammel / ung

senas / jaunas

tændt / slukket

įjungta / išjungta

åben / lukket

atidaryta / uždaryta

stille / højt

tylus / garsus

rig / fattig

turtingas / vargšas

rigtig / forkert

teisus / neteisus

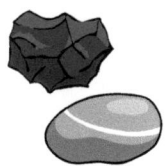

ru / glat

šiurkštus / švelnus

ked af det / lykkelig

liūdnas / laimingas

kort / lang

trumpas / ilgas

langsom / hurtig

lėtas / greitas

våd / tør

drėgnas / sausas

varm / kold

šiltas / šaltas

krig / fred

karas / taika

0

nul
....
nulis

1

en
....
vienas

2

to
....
du

3

tre
....
trys

4

fire
....
keturi

5

fem
....
penki

6

seks
....
šeši

7

syv
....
septyni

8

otte
....
aštuoni

9

ni
....
devyni

10

ti
....
dešimt

11

elleve
....
vienuolika

12

tolv
dvylika

13

tretten
trylika

14

fjorten
keturiolika

15

femten
penkiolika

16

seksten
šešiolika

17

sytten
septyniolika

18

atten
aštuoniolika

19

nitten
devyniolika

20

tyve
dvidešimt

100

hundrede
šimtas

1.000

tusinde
tūkstantis

1.000.000

million
milijonas

engelsk

anglų

amerikansk engelsk

amerikiečių anglų

kinesisk mandarin

kinų (mandarinų)

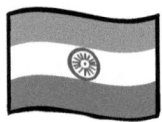

hindi

hindi

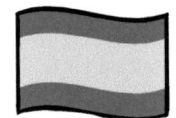

spansk

ispanų

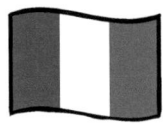

fransk

prancūzų

arabisk

arabų

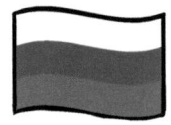

russisk

rusų

portugisisk

portugalų

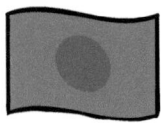

bengalsk

bengalų

tysk

vokiečių

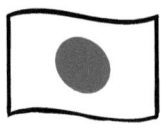

japansk

japonų

jeg

aš

du

tu

han / hun / den / det

jis / ji

vi

mes

I

jūs

de

jie

hvem?

kas?

hvad?

ką?

hvordan?

kaip?

hvor?

kur?

hvornår?

kada?

navn

vardas

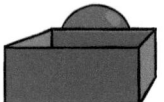

bag
....
už

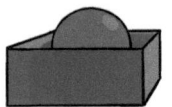

i
....
kur (vieta)

foran
....
priešais

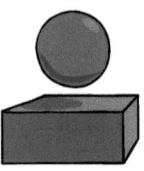

over
....
virš

på
....
ant

under
....
po

ved siden af
....
prie

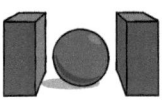

imellem
....
tarp

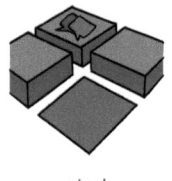

sted
....
vieta